L'OPINION

DE

Jacques BRAVOME

SUR

LES ÉLECTIONS DE 1881

Prix : **10** centimes.

4e ÉDITION.

(DROITS RÉSERVÉS)

Envoyer les demandes à M. CHEVRIÈRE,
rue Royale, 2, à Lille.

1881

L'OPINION

DE

 Jacques BRAVOME

SUR

LES ÉLECTIONS DE 1881

Prix : **10** centimes.

4ᵉ EDITION.

(DROITS RÉSERVÉS)

Envoyer les demandes à M. CHEVRIÈRE,
rue Royale, 2, à Lille.

1881

L'Opinion de Jacques Bravome

SUR LES ÉLECTIONS DE 1881

PROLOGUE. — Dans la prairie.

Juin 1881.

C'était un après-midi de ce mois de juin qui finit : le soleil d'or qui avait réjoui la journée devait, deux heures encore, éclairer les champs fertilisés par ses rayons, avant de disparaître derrière l'humble clocher d'ardoises de l'église de Wilbond.

Sur une des ailes du charmant coteau où est coquettement assis le village de Wilbond, un ouvrier robuste et courageux faisait tomber sous sa faulx le foin d'une vaste prairie entourée de buissons d'aubépine ; un des côtés de cette prairie longeait le chemin vicinal qui relie Wilbond à Houlbourg, deux villages autrefois amis et qui aujourd'hui ne s'aiment guère depuis que Houlbourg, grâce à l'établissement de deux fosses au charbon, a triplé sa population de 600 habitants que Wilbond, au contraire, a conservé aussi fidèlement que sa foi religieuse, ses bonnes traditions et sa tranquillité, trois choses fort amoindries à Houlbourg.

Joseph fauchait donc bravement son foin quand un ouvrier mineur, noirci par la poussière de charbon, déboucha par la route de Houlbourg :

« Cousin Joseph, cria-t-il d'aussi loin qu'il aperçut le faucheur, cousin Joseph, quelles nouvelles à Wilbond ?

« — Tiens, te voilà, Pierre ; tu as donc déjà terminé ton travail ? Rien de neuf à Wilbond ; mais à Houlbourg, que dit-on de la politique ? »

« — De la politique...? mais on est enchanté ; on est ravi ; on dit que tout marche à merveille ; le cléricalisme perd de plus en plus de terrain et la République prend définitivement racine en France, et n'était le Sénat, qui vient de mettre des bâtons dans les roues en rejetant le scrutin de liste, Gambetta, le grand homme, était maître du terrain, et les prochaines élections nous donnaient une Chambre carrément républicaine, comme il faut, quoi ?... mais... »

Pierre s'arrêta court ; à travers le buisson d'aubépine il venait d'apercevoir la tête blanche d'un beau vieillard qui les regardait avec deux petits yeux gris qui vous pénétraient jusqu'au fond des os, quand ils s'arrêtaient sur vous. Le silence de Pierre fit lever la tête à Joseph qui, de suite, fit mine de reprendre son travail ; tous deux venaient de reconnaître le père Jacques Bravome, le maire de Wilbond, l'homme le plus important de la localité, précisément le propriétaire du pré que Joseph fauchait.

« — Toujours les mêmes, mes enfants ! vous faites de la politique au lieu de travailler. Tiens, Joseph, je ne suis pas content de toi ; depuis que tu te mets à écouter ce bavard de Pierre quand il vient te raconter les sornettes qu'il lit dans les journaux d'Houlbourg, tu n'es plus à reconnaître : tu n'es plus aussi exact à la messe le dimanche ; on dirait que saluer M. le curé te fait mal à la tête tant tu déranges peu ta casquette quand tu le rencontres, enfin tu vas au cabaret plus que de juste et je suis sûr que Jeanne, ta femme, ne touche plus ta quinzaine aussi régulièrement qu'auparavant. »

Cette verte remontrance fit baisser la tête de Joseph presque jusqu'à ses genoux, tandis que le rouge lui montait jusqu'aux oreilles, et Pierre, bien qu'il cherchât à se donner un petit air d'indifférence, ne réussissait pas à cacher son embarras : Ah ! c'est que tous respectaient et aimaient Jacques Bravome, ce vieillard de 92 ans qui, depuis 66 ans bien comptés, était maire de la commune; c'est qu'on n'osait pas contredire cet homme qui, dans sa longue carrière, n'avait fait que du bien et qui, chaque jour encore, semait les bienfaits sous ses pas. Jacques Bravome lui-même les tira d'embarras.

« — Ah ! ah ! les enfants, on fait de la politique sans moi! Savez-vous que je ne suis pas content ; j'ai bien mon petit mot à dire aussi. Et puisque voilà précisément Pierre qui ne

pense pas comme moi, pourquoi ne discute-
rions-nous pas un peu les questions du jour ;
chacun dira son mot et Joseph jugera quel
est celui qui a raison. »

Impossible de résister à une semblable invi-
tation ; on s'assied sur le coin de la prairie,
tout contre le buisson. Le père Bravome dut
reprendre la parole tant Joseph et Pierre
étaient penauds et gênés de leur situation :

CHAPITRE PREMIER.

L'OPINION DE JACQUES BRAVOME.

« — Or çà, mes amis, dit-il, nous allons
faire de la politique ; mais, quand je fais de
la politique, j'aime les situations bien défi-
nies ; faisons donc tous trois notre profession
de foi. Voyons, Pierre, dis-moi, une fois de
plus quelle est ton opinion ?

— Moi, je suis républicain, dit Pierre avec
une certaine emphase.

— J'ajouterais même, continua le père
Bravome, que tu es un républicain avancé, un
anticlérical, un mangeur de curés, en un mot
un ardent, un zélé du parti. Et toi, Joseph,
es-tu aussi républicain ? »

Le pauvre Joseph balbutia un oui tellement
timide, tellement bas, qu'on avait peine à
l'entendre. Le père Bravome lui dit avec
bonhomie :

«— Allons, voyons, je vois que cela a du mal
à sortir, je vais donc t'aider à faire ta con-
fession; oui, tu es républicain, mais républicain de fraîche date; tu l'es devenu le jour où,
à force d'écouter Pierre, tu t'es laissé tenter
par les belles apparences du fruit défendu de
l'indépendance et de l'orgueil ; mais, depuis ce
jour, ce fruit que tu as mangé te pèse sur le
cœur; ta conscience n'est pas à l'aise; tu as
peine à vivre dans cette nouvelle atmosphère
politique dans laquelle tu t'efforces de respirer,
et, malgré tes efforts, tu te sens mourir comme
l'homme qui se noie ou le poisson qui, hale-
tant, fait son dernier ébat sur l'herbe où le
pêcheur vient de le jeter.

Vous voyez que je vous connais bien tous
deux? A mon tour maintenant de me faire
connaître à vous si tant est que vous ne me
connaissiez pas encore assez. J'ai été maire de
Wilbond sous tous les régimes, j'ai servi
empereurs, rois et républiques, j'ai su appré-
cier les avantages et les désavantages de
chaque régime; toujours, qui que ce fût qui
gouvernât la France, j'ai cherché à faire du
bien à mes compatriotes, sans plus m'inquiéter
du gouvernement qui siégeait à Paris, puisque
changer nos gouvernants n'était point en mon
pouvoir. Seulement parfois mon cœur se ser-
rait ; c'était quand j'apprenais que le gouvernement posait au nom de la France des actes
d'iniquité ou de folie; oh! alors, mes enfants,
les larmes coulaient de mes yeux, mon cœur

saignait. « Pauvre France, songeais-je, tu
devras payer tout cela. » Et jamais, hélas! je
ne me suis trompé. Plusieurs fois j'ai vu des
Français se battant contre des Français et
réduits à mettre leur triomphe et l'accom-
plissement du plus sacré des devoirs dans le
massacre et l'humiliation de leurs frères.
D'autres fois, j'ai vu l'étranger pénétrer en
vainqueur sur le sol français et rançonner à
merci notre belle nation. — Eh bien! tout
cela, mes enfants, me brisait l'âme. Je me
prenais à souhaiter un gouvernement capable
de rendre la France aussi paisible au dedans
que respectée au dehors, aussi grande, aussi
puissante que nous la représente l'histoire des
siècles passés; oui, c'est l'amour de mon pays
qui m'a obligé à faire de la politique et c'est
par amour de ma patrie que je désire et salue
par avance le gouvernement qui nous rendra
la foi, l'honneur et la liberté.

— Mais, monsieur Bravome, reprit Pierre
d'un ton dégagé, c'est précisément aussi parce
que j'aime mon pays, parce que je veux voir
la France grande entre les nations, ayant la
paix en dedans, et imposant le respect à toute
l'Europe par la force de ses armées et la
sagesse de sa diplomatie, que je me suis fait
républicain. »

CHAPITRE II.

« — Ah ! oui, parlons-en de la diplomatie sage et mesurée de la République.

As-tu souvenance du congrès de Berlin et du triste rôle qu'y jouèrent nos représentants ? Le conflit européen qui faillit sortir de ce congrès et n'est pas encore entièrement disparu, et l'île de Chypre dont ces bons Anglais prirent possession au grand ébahissement de nos hommes d'Etat ; voilà, n'est-ce pas, de beaux succès diplomatiques !

La Russie était restée notre alliée quand même ; en 1875, elle nous avait sauvé de la guerre ; nous avions dans nos prisons un criminel accusé d'avoir attenté aux jours de l'empereur de Russie, la Russie nous le réclame pour le juger, et nous, pour faire plaisir à Messieurs les communards, nous laissons fuir le prisonnier et nous sacrifions ainsi l'alliance d'une grande nation.

Te parlerai-je du peu de cas que l'on fait de nos représentants à l'étranger ? de la maladresse avec laquelle nous venons, par l'expédition de Tunis, de nous mettre à dos l'Italie et l'Angleterre ? Tiens, j'ai trouvé l'ensemble de mes observations complètement confirmé par le jugement d'un diplomate autrichien que je lisais l'autre jour dans mon journal : je l'ai transcrit tant il m'a paru juste ; écoute, le voici :

» Quels fonds voulez-vous donc que nous fassions sur les Français? Quelle sécurité nous offre un gouvernement dont les éléments constitutifs varient sans cesse? Nous traitons avec Paul et, demain, c'est Jacques qui sera au pouvoir. Toute alliance conclue de la sorte est vague, incertaine et de pure politesse. Ne pouvant compter sur vous, vous ne devez pas compter sur nous davantage. Vous vous flattez, selon l'expression de M. Naquet, d'avoir *l'instabilité en permanence* ; mais quel est le résultat de cette instabilité? On entretient avec vous des rapports de courtoisie, mais vous êtes suspects à tout le monde. On admire vos qualités nationales, mais on vous plaint et l'on se garde de votre influence. Au fond, vous n'êtes que de brillants isolés. »

Eh bien! est-ce assez clair, mon brave Pierre? »

CHAPITRE III

LES ARMÉES DE LA TROISIÈME RÉPUBLIQUE

« — Puisque nous parlions de la Tunisie, voyons donc un peu ce qu'est devenue notre armée après dix ans de république. Je suis prêt à le reconnaître, après 1870-71 nous étions dans un bien triste état : il y avait beaucoup à faire ; mais on avait l'argent, le courage, et le dévoûment qui ne manquent jamais en France pour ce genre d'entreprises et avec tout cela qu'a-t-on fait? En dix ans l'armée pouvait être réorganisée, l'est-elle?

Les républicains veulent que tout le monde, même les prêtres, passent par la caserne : ils ont deux millions d'hommes sur le papier et quand il s'agit d'envoyer en Tunisie un corps expéditionnaire, ils se sentent dans l'embarras, ils mettent tout sens dessus dessous, au ministère, dans les corps d'armées, dans les régiments, dans les bataillons ; ils vont chercher de l'artillerie à Vincennes, des matelots à Brest, du train des équipages à Bordeaux, de la cavalerie à Rambouillet, à Vesoul, et pour former une armée de 20,000 hommes il faut qu'ils empruntent leurs soldats à plus de quinze corps d'armée. — Voilà comment ils ont organisé l'armée.

L'armée est essentiellement patriotique et nationale : elle n'est pas appelée à manifester ses préférences politiques, la mêler à nos luttes civiles c'est au moins l'amoindrir, sinon la tuer. — Eh! bien, mes enfants, allez voir dans les casernes ; avec quelle facilité les mauvais journaux arrivent aux soldats, semant la zizanie et la discorde, là où il ne devrait régner que fraternité et touchante union ; et ce venin de la politique qui se glisse dans les casernes, ne l'inocule-t-on pas aussi jusqu'au cœur de l'armée ; ne voyons-nous pas chaque jour nos plus braves généraux mis à la retraite, nos meilleurs officiers de réserve rayés des cadres, parce qu'on les soupçonne de n'avoir pas pour la République les plus chaudes sympathies; et le chef de l'armée lui-même, le ministre de la guerre, voulez-vous me dire ce qui l'a fait arriver aux honneurs et aux dignités qui l'assiègent? Ses états de service à Rome peut-être, ou bien le rôle qu'il a joué pendant la guerre dans l'état-major de notre armée du Nord? Oh! que nenni, ce n'est ni son obséquiosité envers le Souverain-Pontife, ni sa défaite de Villers-Bretonneux en 1870-71 qui lui a valu d'être ministre de la guerre; c'est tout simplement son républicanisme avancé, et depuis qu'il est au ministère, les républicains eux-mêmes sont les premiers à crier à l'incapacité; et comme si tout cela ne suffisait pas, comme si l'armée n'était pas assez désorganisée, voilà que dans un but électoral on prépare une loi, celle du service de trois ans pour tous, qui ferait que nous n'aurions plus d'armée du tout.

Tout cela est navrant, mes enfants, et je ne puis songer sans trembler à ce qui arriverait s'il prenait fantaisie aux Prussiens de venir faire un nouveau voyage au pays des milliards.»

Le vieillard se tût: une larme brilla dans ses yeux, son regard, où on pouvait lire toute l'ardeur de son patriotisme et toute l'étendue de son amour pour la France, se porta sur

Pierre qui, visiblement embarrassé, torturait de ses grandes mains noircies son chapeau de mineur : « Oui, ça se peut en effet, balbutia-t-il, que tout ne se passe pas comme ça devrait, mais enfin, tout cela c'est la faute aux intrigants qui empêchent Gambetta d'arriver : c'est lui qui arrangerait crânement l'armée.

— Gambetta, fit Jacques Bravome, tandis qu'un éclair d'indignation passait dans son regard, Gambetta... tu oses encore parler de cet homme pour l'armée ; mais, malheureux ! apprends à te souvenir : qui fumait des « cigares exquis » quand nos soldats expiraient sur les champs de bataille ? Qui donc était gai et de bonne composition, tandis que les mères pleuraient leurs fils, les épouses leurs maris, les orphelins leurs pères, tombés sous les balles de l'ennemi ? Gambetta, que M. Thiers appelait un fou furieux ; Gambetta qui, à une heure difficile, sût disparaître et attendre la fin du péril à l'ombre des orangers de St-Sébastien ; Gambetta, le héros de Longjumeau, celui qui met au nombre des défaites de la France la grande victoire de Bouvines ; c'est de cet homme que tu me parles pour réorganiser l'armée ?.... »

Il y eut alors un moment de silence. Pierre, confus, ne savait que dire, et le père Bravome attendait une réponse. — Enfin Joseph tira Pierre d'embarras :

CHAPITRE IV

LE BUDGET DE LA TROISIÈME RÉPUBLIQUE

« — Je dois, dit-il, donner raison à notre maire sur tout ce qu'il vient de dire ; mais il sera bien forcé de m'avouer à son tour que la République est le meilleur marché de tous les gouvernements.

— Bien tapé ! dit Pierre en se frottant les mains. Vous voilà bien attrapé, Monsieur Bravome. »

Monsieur Bravome sourit malicieusement : « Vous croyez, fit-il ? Eh bien, non, pas du tout ! Ce que Joseph me dit là, il l'a sans doute appris dans un de ces journaux que j'appellerais tout uniment bêtes s'ils ne brouillaient le bon sens de nos braves campagnards et qui sont rédigés le plus souvent par des affamés dont l'unique gagne-pain est d'exploiter leurs lecteurs en leur contant ces balivernes ! Mais mon brave ami serait bien gêné de démontrer ce qu'il vient de dire. Voyons, Joseph, justifiez votre accusation ; je vous écoute. »

Joseph se gratta la tête, tout interloqué, car il n'avait guère soupçonné jusqu'alors qu'un homme sensé dût savoir au juste ce qu'il disait. Les journaux de Pierre ne lui en avaient pas donné l'exemple. « En fin de compte, c'est évident, fit-il, c'est évident.

— C'est évident, répéta Pierre, non moins embarrassé. »

— Pas tant que ça, répliqua le père Bravome; si c'était évident vous ne seriez guère si embarrassé pour le prouver. Moi je vous affirme le contraire : rien ne coûte comme un gouvernement républicain ; rien n'est économique comme une monarchie. Ne faites pas des signes de dénégation, mes amis: je n'avance rien sans preuve. Savez-vous combien le gouvernement d'aujourd'hui coûte à notre patrie ? à peu près *cinq fois autant que la Restauration.*

— Impossible, s'écrièrent à la fois Joseph et Pierre.

— Voilà comme vous procédez toujours, riposta Bravome. Vous croyez les blagueurs qui ne prouvent rien, et sur leur parole, vous nieriez presque la lumière du soleil en plein midi. Quand un honnête homme vous dit le contraire de ce qu'ils avancent et vous promet de le prouver, avant de l'écouter, vous criez « impossible ». Franchement, cela ne signifie rien.

— Nous avons eu tort, c'est vrai; nous devions bien vous écouter avant tout, repartit Joseph.

— C'est cela, répondit le vieux maire visiblement satisfait ; au reste ce ne sera guère long, et c'est très simple. Vous avez tous appris que ce bon Charles X fut chassé en 1830 par les Parisiens, — ces gens de Paris font tout aujourd'hui sans ceux de la province, — or, savez-vous à combien montait le budget, à cette époque : à

972 millions.

et savez-vous quelle somme il atteint aujourd'hui? Ni plus ni moins que

4,713 millions,

près de

cinq milliards.

— Ah! c'est énorme, s'écria Joseph, et moi qui n'y avais jamais pensé. Je comprends maintenant pourquoi feu mon père — que Dieu ait son âme — se plaignait de l'augmentation continuelle des impôts et disait que sous le roi Charles X on n'attaquait pas si allègrement les économies du travailleur.

— Il avait raison, Joseph : Plus le budget est lourd, plus lourds sont les impôts qui le doivent solder.

Nous avons de plus aujourd'hui une dette nationale de

trente-deux milliards,

ce qui nous vaut pour cela seul un impôt annuel de

1 milliard et 600 millions.

Faut-il que le peuple français ait du courage pour s'amuser à soutenir un gouvernement qui le mène ainsi à la banqueroute!

— C'est cependant vrai, dit Joseph tout découragé pendant que Pierre lui lançait des regards pleins de colère. C'est cependant vrai : le gouvernement de la République est cher et la Royauté valait mieux. Mais comment expliquez-vous cela, maître? Le Roi avait la liste civile et devait entretenir sa cour. La République épargne tout cela ? »

Jacques Bravome ouvrit sa tabatière, y huma une forte prise et, regardant Pierre du coin de l'œil, répondit :

Ce n'est guère difficile, Joseph, et vous allez comprendre.

CHAPITRE V.

LA LISTE CIVILE DE LA TROISIÈME RÉPUBLIQUE.

« — Pourtant, interrompit Pierre, cette liste civile était prélevée sur les sueurs du peuple et servait à engraisser les courtisans. »

« — Ta, ta, ta, te revoilà avec tes balivernes, Pierre. Je puis cependant te dire, moi qui vivais en ce temps-là, que le peuple ne suait guère plus et gagnait mieux son pain que maintenant. Quant aux courtisans qui s'engraissaient, tu te trompes d'adresse. Regarde autour de toi et dis-moi s'il faut des rois pour avoir des courtisans et pis encore, des lécheurs de botte. La liste civile ne charge guère le budget. Raisonnons, je t'en prie. D'abord une liste civile de quelques centaines de mille

francs, ça ne pesait pas lourd sur un budget de
plusieurs centaines de millions. Ensuite tout
cet argent allait au Roi, c'est vrai, mais celui-
ci l'employait bien utilement. Il le faisait servir à représenter dignement la France, si bien
qu'en ce temps-là personne n'aurait osé la re-
garder de travers. Il en donnait généreusement
aux nécessiteux qui connaissaient le chemin
du palais. Il prélevait sur cet argent des pen-
sions pour les veuves des hommes morts au
service de la patrie et en faisait mille autres
bonnes œuvres.

— Je sais, répliqua Joseph, que les Bourbons
étaient généreux et dépensaient leur fortune
pour le peuple, mais enfin la liste civile exis-
tait toujours, et comment expliquer que maintenant que nous en sommes débarrassés les
impôts au lieu de diminuer ont quadruplé.

— Un peu de patience, mon ami, j'allais y
venir. Vous croyez donc qu'il n'existe plus de
liste civile. Mais il en existe cinq, dix, vingt,
cent et plus, Il y a d'abord celle officielle de
M. Grévy, coût

1 million 200 mille francs.

Il y a celle officielle de M. Gambetta,

222 mille francs,

y compris, paraît-il, 2,665 francs qu'il se fait
payer pour frais de vidange.

Ajoutez-y celle de la Chambre des députés,

qui, pour faire sa triste besogne, nous demande annuellement

7 millions 107 mille francs.

Est-ce tout? Non. Chaque député a ses agents électoraux à payer, ses patrons à satisfaire ; vous voyez d'ici la jolie somme que tout cela fait ; elle *se chiffre par millions.* Et, comme ce sont des gens de rien qui se font élire de nos jours, ce n'est pas eux qui peuvent ni veuillent payer. Qui paie dès lors ? Le peuple. On crée des places, on augmente les traitements, on vote des frais de déplacement, de représentation, etc., etc.; ainsi les budgets augmentent; mais on contente ses amis.

Un roi, voyez-vous, n'a pas sa fortune à faire. Elle est faite pour lui et pour ses descendants. En république, c'est bien autre chose ; tous ces petits rois que nous faisons ne sont pas sûrs du lendemain ; ils se hâtent de jouir, ils plument le peuple. Après eux, leurs successeurs font de même, et c'est toujours aux frais du pauvre peuple qui paie tout. Le vol est une nécessité gouvernementale.

Ah! c'est dur à dire pour un Français. Mais comprenez-vous ces fortunes immenses élevées en un jour? Comprenez-vous ce Gambetta, votre homme, Pierre, ayant des habits râpés en 1870; aujourd'hui possédant

27 millions.

Où les a-t-il été chercher? Ce que je sais, c'est

qu'il n'a pas osé rendre les comptes de sa gestion lors de cette folie qu'on appelle si improprement la « défense nationale ». Comprenez-vous tous ces avocats sans cause devenus riches à millions, ces anciens faillis redevenus « honorables » et gens de poids par l'appui de nos gouvernants ? Comprenez-vous ce ministre accusé d'avoir escroqué je ne sais combien de milliers de francs, et n'osant accepter la preuve de ce qu'on lui reproche ; et tous ces autres scandales financiers dont l'histoire de ces dix dernières années est pleine ?

Nous n'avons plus *un* roi ; nous en avons des centaines, moins le désintéressement et l'honorabilité. Nous n'avons plus *une* cour ; nous avons plusieurs basses-cours.

Quand nos rois s'en allaient chassés contre le gré de la France par la populace de Paris, ils ne possédaient que leur fortune propre ; encore elle était amoindrie au service de la France. Quand ceux qui se disent en mentant les « amis du peuple » s'en iront balayés par le vrai peuple, ils emporteront avec eux des millions et un ventre qu'ils n'avaient pas avant de « servir le peuple ». Tout cela on ne pourra pas le leur faire rendre. Veillons au moins, si nous sommes tous Français, à ce que cela ne continue pas, et surtout prenons des mesures efficaces pour que cela ne puisse plus recommencer. »

CHAPITRE VI.

LA RELIGION ET L'ENSEIGNEMENT SOUS LA TROISIÈME RÉPUBLIQUE.

« — Franchement, Monsieur Bravome, dit alors Joseph, je n'avais pas encore songé à tout cela, et ce que vous me dites-là me dégoûte passablement de la République et des républicains ; mais enfin avouez avec nous qu'on va trop loin dans l'attaque quand on dit que la République est contre la religion et contre la liberté des pères de famille pour l'enseignement de leu s enfants ?

— Mon bon Joseph, on voit bien que tu ne lis que des journaux qui ont intérêt à te cacher la vérité ; et ce que tu me dis est tellement naïf que si je ne te connaissais comme je te connais, je te croirais de mauvaise foi.

Puisque donc tu désires être édifié sur ce point, je vais en peu de mots te narrer les principaux exploits récemment accomplis par la 3ᵐᵉ République contre la religion catholique et la liberté d'enseignement.

Les archevêques et évêques de France touchaient un traitement relativement peu considérable et qui arrivait aux pauvres de leur diocèse sous mille formes diverses ; notre petit village de Wilbond en sait quelque chose ; vite voilà la République qui rogne le traitement des archevêques et évêques, c'est-à-dire le budget des pauvres.

De braves religieux vivaient tranquilles sur tous les points de la France, s'occupant à prier le bon Dieu, à instruire les enfants, à secourir les indigents et à prêcher dans nos campagnes comme dans les villes; cela ne convenait nullement aux chenapans et aux gens de rien ; or la République, tenant à être agréable à ces sortes de personnes, décrète un beau matin que la chose ne doit pas se passer ainsi et que les religieux n'ont pas le droit que possèdent les ouvriers de l'usine, comme les travailleurs de la ferme, les riches comme les pauvres, je veux dire le droit d'habiter ensemble sous le même toit ; et crac, voilà des commissaires, des gendarmes, des serruriers qui vont chez les religieux, enfoncent les portes de leur couvent et les mettent tout simplement sur la rue, les chassant de leurs propres maisons.

Et chaque jour est-ce que des journaux républicains ne sèment pas impunément dans nos campagnes les plus affreuses calomnies et les plus odieux mensonges contre le clergé? Est-ce que nous n'apprenons pas souvent que des malheureux excités par ces publications malsaines, insultent, frappent même les prêtres qui se dévouent pour eux.

Et si je voulais te dire tout ce que l'on a fait contre la liberté de l'enseignement, et parler des collèges libres fermés, des frères et des sœurs chassés de leurs écoles, des crucifix arrachés des murs des classes et jetés dans un tombereau devant les élèves consternés, va, sur ce triste chapitre je n'en finirais pas.

— Comment, dit Joseph, en se tournant vers Pierre, on a vraiment fait tout cela ? »

— Oui... oui..., répondit Pierre, mais... c'était pour humilier les prêtres, pour les empêcher de se croire les maîtres de la République.

— Eh bien ! Joseph, reprit Jacques Bravome, je ne t'étonnerai plus maintenant en te disant que c'est surtout parce que je suis catholique que je ne suis pas républicain.

— Et par la même raison, répartit Joseph, soyez assuré que dès ce moment je cesse de l'être; mais de grâce, cher Monsieur Bravome, par quoi voulez-vous donc qu'on remplace la république en France ? »

CHAPITRE VII

LE ROI DE FRANCE

« Tu touches précisément la question délicate, mon bon Joseph, car sur ce point bien des honnêtes gens ont des idées passablement fausses; mais ici comme précédemment je serai franc et carré : je désire la monarchie et mes sympathies sont pour le seul candidat au trône

de France, qui se présente à nous comme
nettement et profondément catholique en même
temps qu'il est le représentant d'une noble et
loyale famille qui, pendant plus de huit siècles,
n'a pas failli à la mission que la France lui
avait confiée, de la gouverner et de prendre
en main la défense de ses intérêts : je vois
bien que vous ne savez trop ce que c'est que
l'homme dont je vous parle et que vous ne
connaissez guère d'Henri V que les quelques
bourdes lancées de temps à autres contre lui
par les journaux radicaux. — Je vais vous
dire en deux mots qui il est:

— Henri V est un fervent catholique, il
possède un dévoûment sans bornes pour tout
ce qui est Français, il est d'une charité sans
limites pour les pauvres et il aime le peuple
sans mesure.

Je ne vous étonnerai pas en vous disant
qu'avec un pareil homme la France serait
heureuse, et si vous voulez vous en convaincre
davantage, jetons ensemble un coup d'œil sur
les principales réformes que le roi ferait pour
le bien du peuple français. »

CHAPITRE VIII

LE GOUVERNEMENT DU ROI

« Il y a beaucoup à faire, mes amis, car
on a tout défait.

D'abord la liberté est bien loin de nous; ne nous croyons pas libres parce que nous pouvons voter pour nos maîtres. Ces maîtres nous dupent ; est-ce que nous pouvons surveiller tous leurs actes ? Ils sont si forts, eux, avocats ou gens habiles, pour nous tromper, nous, pauvres et simples provinciaux ! Nous les envoyons à Paris ; ils y font ce qu'ils veulent, et quand ils reviennent, ils nous content des balivernes. Assez de ça ; il devient temps que le peuple fasse ses affaires et les puisse contrôler; il devient temps que Paris cesse de tout faire, il ne fait pas tout si bien. Nous devons avoir la libre administration de notre village, de notre département et, si nous avons, par exemple, à traiter des impôts ou à réclamer contre le fisc, il faut que nous sachions à qui nous adresser, que nous puissions parler efficacement et qu'on ne nous envoie pas de Pierre à Jacques qui se moquent de nous et nous renvoient bredouilles.

La décentralisation administrative sera une des premières réformes du Roi.

Puis le Roi mettra bien vite à la raison tous ces petits faquins, arrivés on ne sait d'où, qui font ici les grands et nous tracassent, qui chassent les bons frères et les bonnes sœurs, qui vous regardent de travers quand vous allez le dimanche à la messe, qui dénoncent monsieur le maire parce qu'il porte un cierge à la procession, qui viennent déranger les plus paisibles villages, sèment la haine partout entre les concitoyens et poursuivent de mille manières ceux qui ne pensent pas comme eux. Ils fileront un nœud, ceux-là, je vous l'assure. »

— Ce ne sera que justice, interrompit Joseph.

— Tout cela, continua Jacques Bravome, ne contribuera pas peu à rétablir l'ordre dans les finances. C'est à cela surtout que les rois s'entendent. Voulez-vous en avoir l'exemple : Les guerres insensées du premier Empire avaient laissé à la France une dette de plus de

2 milliards

au bout de quinze ans, les rois avaient diminué la dette de

600 millions

Cela valait la peine. Eh bien! Henri V fera de même, tandis que les gouvernants actuels augmentent annuellement la dette; ils viennent encore, vous le savez, de l'augmenter d'*un milliard*.

La liberté et de bonnes finances, voilà ce que nous vaudra le Roi. Et puis tout le monde sera mis à sa place; c'est encore un immense avantage. Car quand tout le monde n'est pas à sa place, le pays est dans le désordre. Il y a des disputes continuelles et, tout le monde se mêlant de ce qui ne le regarde pas, on ne voit que haines et dissentiments. Vous figurez-vous une famille où chacun veut être maître? Vous imaginez-vous, Joseph, que votre femme se mêle de votre travail, que vous vous mêliez de lui donner des ordres pour sa cuisine, que vos enfants vous en remontrent sur toutes choses et prennent avec vous des airs d'égalité. Cela ferait un joli ménage! Une pareille vie serait un véritable enfer!

Eh bien! mon ami, il en est ainsi des peuples qui ne sont après tout que de grandes familles.

Après cela, il reste encore beaucoup à faire pour l'agriculture. Vous savez comme elle souffre. Sa situation fait l'objet des études et de la sollicitude du Roi. L'améliorer, la dégrever de ses lourdes charges, la protéger contre la concurrence de l'étranger qui la ruine, sera un de ses premiers soins. Vous savez que les gens d'aujourd'hui la laissent se perdre ; que leur fait l'agriculture? D'abord ils n'y connaissent rien, et puis ça ne leur remplit pas les poches.

Quand tout marchera bien à l'intérieur, l'étranger nous respectera bien plus. Vous souffrez comme moi de l'abaissement de la France, mes amis. Il faut que cela finisse et que la France se relève ! Les Rois ont fait la France, eux seuls la referont. Henri V, comme il l'a dit, n'a « d'autre fortune à refaire que celle de la France. » C'est une besogne que son grand-oncle et son grand-père ont déjà une fois accomplie, en 1815, lorsque l'étranger était entré triomphalement dans notre patrie par les folies du premier empire. Toute l'Europe liguée contre nous; et en face, rien que le Roi, mais c'était le Roi. Eh bien! ce Roi seul a tenu tête, et la France a gardé sa nationalité et l'intégrité de son territoire. Ce n'est pas à dire qu'il risquera les sottes bravades des gens d'aujourd'hui qui sont les premiers à se sauver à St-Sébastien lorsque le danger approche. Non; il saura allier la prudence à la fermeté, et par ces deux qualités, qui illustrèrent ses ancêtres, il replacera notre patrie au premier rang entre les nations où ses pères l'avaient placée.

N'est-ce pas là tout ce que peut désirer notre cœur de Français et de catholique ?

— Oui, Monsieur Bravome, vraiment : c'est bien beau, tout cela. »

CHAPITRE IX.

LES CONCLUSIONS DE JACQUES BRAVOME.

Le vieillard ne répondit rien : il prit lentement une prise en regardant ses deux interlocuteurs pour juger de l'effet de ses paroles ; Pierre grimaçait et se mordait les lèvres en regardant avec obstination l'extrémité de son pied droit qu'il agitait fiévreusement. — Joseph, après être resté pensif quelques instants, releva la tête et, avec un franc sourire qui faisait du bien à voir :

« Tenez, monsieur Bravome, dit-il en lui tendant la main, touchez là, vous m'avez converti : tout ce que vous nous avez dit m'a fait du bien, je sens que vous avez raison ; dès ce jour, je suis royaliste tout comme vous ; mais, de grâce, que dois-je donc faire, moi, pauvre paysan, pour mon pays et pour le roi? »

Le père Bravome serra avec effusion la main de Joseph.

« Tu as deux choses à faire, mon enfant, répondit-il, tu es catholique et Français; comme catholique, tu dois prier le bon Dieu de rendre à la France le plus tôt possible un roi qui lui fera tant de bien ; comme Français, tu es électeur et, lors des prochaines élections, tu dois voter franchement pour les candidats légitimistes, c'est-à-dire pour les candidats du roi. S'ils ne sortent pas victorieux de la lutte, tu auras au moins affirmé tes convictions et cet acte courageux, en même temps qu'il satisfera ta conscience, ne pourra manquer un jour de porter ses fruits et d'aider la lumière à se faire dans l'intelligence de tous les Français comme elle vient aujourd'hui de se faire dans la tienne.

— Et toi, Pierre, tu ne dis rien, vas-tu te convertir aussi? »

— Oh! pour çà non, répartit Pierre, j'admets que vous pouvez avoir raison dans tout ce que vous dites ; mais pour moi je voterai toujours pour les candidats républicains, car je ne veux à aucun prix d'un roi catholique :

je suis avant tout contre les curés, qui, comme
dit notre ingénieur d'Houlbourg, nous rape-
tissent l'esprit, et mettent des entraves à notre
liberté. »

Cette réponse contraria vivement le père
Bravome, car il se leva et reprit sans mot dire
le chemin du village, suivi de près par Joseph
qui, sa faulx sur le dos, regagnait sa mai-
sonnette, car le soleil venait de se coucher.
Pour Pierre, il marcha les mains dans les
poches en fredonnant la *Marseillaise* vers la
chaumière qu'il habitait avec sa bonne vieille
mère et un frère dont il faisait la désolation.

EPILOGUE. — La Prison.

Le père Jacques Bravome ne dormit pas
de cette nuit : il était ennuyé d'avoir
encore un républicain dans sa commune de
Wilbond, et pendant sa longue insomnie il
avait une idée qui le poursuivait : Comment
ramener Pierre à de meilleurs sentiments ?
Il y songeait encore quand, de grand matin,
deux chevaux s'arrêtèrent devant sa porte, et
on agita vivement son marteau. Jacques Bravome se mit à la fenêtre ; il aperçut le brigadier de gendarmerie du chef-lieu de canton
avec un de ses gendarmes : « Que venez-vous
donc faire à cette heure, interrogea-t-il ?

— Ne vous dérangez pas, M. le maire, dit le brigadier, dites-nous seulement où reste Pierre le mineur ? — Là-bas dans la chaumière au bout du chemin ; mais que lui voulez-vous donc ! — Nous venons l'arrêter ; figurez-vous que ce mauvais garnement vient de voler trois mille francs à M. l'ingénieur de la fosse d'Houlbourg. Les gendarmes s'éloignèrent. « Cela ne m'étonne pas, pensa Jacques Bravome, tous ceux qui pensent comme lui finissent toujours comme cela. »

Quelques instants après, Pierre passait avec les menottes sous les fenêtres du maire : celui-ci le regarda d'un œil ému et attristé ; si méchant qu'il fût, Pierre était un enfant de Wilbond ; une seule pensée consola un peu Jacques Bravome : cet homme qui s'en allait entre deux gendarmes était le dernier républicain de Wilbond, et lui parti, il n'en avait plus parmi ses administrés.

Lille.—Imp. Lefebvre-Ducrocq

À LA MÊME ADRESSE :

LE DROIT ET L'OPPORTUNITÉ. — *Lett*
philosophiques, religieuses et politique
par un étranger ami de la France.

PRIX : **2** francs.

www.ingramcontent.com/pod-product-compliance
Lightning Source LLC
Chambersburg PA
CBHW060805280326
41934CB00010B/2559